90 CAS RÉSOLUS EN MATIÈRE D'INTELLIGENCE TEMPORELLE À DAX

POWER BI

Business Intelligence

Ramón J. Castro

Lorsque vous choisissez très bien où passer votre temps,
vous avez le temps de faire des choses qui génèrent de la
valeur.

Introduction

"90 cas résolus sur l'intelligence temporelle en DAX" est le deuxième de quatre guides rapides pour résoudre des cas dans le langage DAX.

La série comprend actuellement :

- 180 cas résolus en langage Dax (publiés en 2021).
- 80 cas résolus de statistiques en Dax (à paraître).
- 60 cas résolus de finance en Dax (sous presse).

Comme le guide précédent, 90 Cas Résolus sur l'intelligence temporelle en DAX est une publication destinée aux utilisateurs de Microsoft Power BI, rassemblant cette fois 92 études de cas informatiques résolus dans le langage DAX.

Tous les codes DAX rassemblés dans cette publication peuvent être testés avec le fichier "90 Solved Cases on Time Intelligence.pbix", qui peut être téléchargé à partir de l'URL suivante :

www.facebook.com/90solvedcasesoftimeintelligenceindax

L'intelligence temporelle dans DAX est travaillée au moyen de Fonctions spécifiques qui permettent le calcul de mesures au sein de périodes ou de séries temporelles. L'utilisation de ces Fonctions permet de simplifier grandement les requêtes T-SQL et la manipulation de grands volumes de données dans des périodes spécifiques.

Toutes les Fonctions DAX de l'intelligence temporelle opèrent sur des périodes de temps continues, ce qui rend indispensable la présence d'un "Tableau de Calendrier" dans le modèle. Dans les cas 1 et 2 de ce manuel, le code pour créer un tel tableau est détaillé.

CAS RÉSOLUS

001.Créer le tableau CALENDAR (1)
Outils de tableau > nouveau tableau

STEP 1
```
Calendary =
ADDCOLUMNS (
        //date de début, date de fin
        CALENDAR ( MIN ( Sales[Date] ), TODAY () ),

        //Valeurs numériques
        "year", YEAR ( [Date] ),
        "month", MONTH ( [Date] ),
        "day", DAY ( [Date] ),
        "quarter", QUARTER ( [Date] ),
        "weekDay", WEEKDAY ( [Date] ),
        "weekNum", WEEKNUM ( [Date] ),

        //Valeurs du texte
        "monthName", FORMAT ( [Date], "MMM" ),
        "weekDayName", FORMAT ( [Date], "DDD" ),
        "quarterName", SWITCH ( QUARTER ( [Date] ), 1,
"First", 2, "Second", 3, "Third", 4, "quarter")
)
```

STEP 2
Une fois le tableau terminé, il faut le marquer comme tableau de calendrier. Pour ce faire, nous ferons ce qui suit :

1. Clic droit sur l'icône du tableau.
2. Sélectionnez l'option "Marquer comme tableau des dates".

002.Créer le tableau CALENDAR (2)

Outils de tableau > nouveau tableau

```
Calendary =
//spécifier l'intervalle de temps du tableau
VAR StartDate = Date(2014,1,1)
VAR EndDate = Today()

//créer le tableau
VAR BaseTable = CALENDAR(StartDate, EndDate)

//ajouter la colonne ANNÉE
VAR Years =
ADDCOLUMNS(BaseTable,"Year",YEAR([Date]) )

//ajouter la colonne MOIS et la colonne MOIS-ANNÉE
VAR Months =
ADDCOLUMNS(
   Years,
   "Month",MONTH([Date]),
   "Year and Month Number",FORMAT([Date],"YYYY-
MM"),
   "Year and Month Name",FORMAT([Date],"YYYY-MMM")
)

//ajouter la colonne TRIMESTRE et la colonne ANNÉE-
TRIMESTRE
VAR Quarters =
ADDCOLUMNS(
   Months,
   "Quarter",ROUNDUP(MONTH([Date])/3,0),
   "Year and Quarter",[Year] & "-T" &
   ROUNDUP(MONTH([Date])/3,0))

//ajouter JOUR, le nom du JOUR, le numéro du JOUR de
l'ANNÉE, le numéro du JOUR de la SEMAINE
VAR Days =
```

```
ADDCOLUMNS(
    Quarters,
    "Day",DAY([Date]),
    "Day Name",FORMAT([Date],"DDDD"),
    "Day Of Week",WEEKDAY([Date]),
    "Day Of Year", DATEDIFF (DATE(YEAR([Date]),1,1),
[Date], DAY) + 1)


//ajouter le numéro de la semaine, en supposant que la
semaine commence le dimanche.
VAR Weeks =
ADDCOLUMNS(
    Days,
    "Week Of Month (Sunday)",INT((DAY([Date])-1)/7)+1,
    "Week of Year (Sunday)",WEEKNUM([Date],1),
    "Year and Week (Sunday)",[Year] & "-W" &
WEEKNUM([Date],1))


//ajouter une colonne : VRAI = du lundi au vendredi /
FAUX = samedi et dimanche
VAR WorkingDays =
ADDCOLUMNS(
    Weeks,
    "Is Working Day", NOT WEEKDAY( [Date] ) IN {1,7})


RETURN


WorkingDays
```

STEP 2

Une fois le tableau terminé, il faut le marquer comme
tableau de calendrier. Pour ce faire, nous ferons ce qui suit
:

1. Clic droit sur l'icône du tableau.

2. Sélectionnez l'option "Marquer comme tableau des dates".

003.Valeur d'une mesure entre deux dates
Modélisation > nouvelle mesure

```
Sales from 01/05/2014 to 30/05/2015 =
//valeur d'un champ dans une plage de dates
CALCULATE(
   //expression
   SUM(Sales[ Sales]),
   //filtre
   DATESBETWEEN(
      Calendary[Date],
      DATE(2014,05,01),
      DATE(2015,05,30)
   )
)
```

004.Liste des dates répondant à une ou plusieurs conditions (1)
Outils de tableau > nouveau tableau

```
Midmarket Summary Sales Date =
//liste des dates avec des ventes Midmarket
SUMMARIZE (
   //tableau ou expression renvoyant un tableau
   CALCULATETABLE (
      //tableau ou expression renvoyant un tableau
      FILTER ( Sales, Sales[Shipment] ),
      //filtre 1, filtre 2, filtre N,...
      FILTER ( 'Sales', Sales[Sector] = "Midmarket" ),
      FILTER (
```

```
        //la fonction "ALL" ne permet pas l'application de
filtres contextuels
        ALL ( 'Sales' ),
        AND (
            Sales[Shipment] >= MIN ( Sales[Shipment] ),
            Sales[Shipment] <= MAX ( Sales[Shipment] )
        )
    )
  ),
  //colonnes du tableau résultant
  Sales[Sales ID],
  Sales[Shipment]
)
```

005.Liste des dates répondant à une ou plusieurs conditions (2)

Outils de tableau > nouveau tableau

```
Orders whithout arrivals dates =
//liste des dates avec des envois non livrés
SUMMARIZE (
  //tableau ou expression renvoyant un tableau
  CALCULATETABLE (
    //tableau ou expression renvoyant un tableau
    Sales,
    //filtre 1, filtre 2, filtre N,...
    FILTER ( 'Sales', Sales[Arrival] = BLANK() )
  ),
  //colonnes du tableau résultant
  Sales[Sales ID],
  Sales[Shipment]
)
```

006.Calculer la date limite en fonction d'une condition
Outils de tableau > nouveau tableau

```
Last Sale by Salesman =
SUMMARIZE(
   //tableau ou expression renvoyant un tableau
   Sales,
   //group by column
   ROLLUP(Sales[Salesman]),
   //expressions
   "SaleLastDat", LASTDATE(Sales[Shipment]),
   "Ammount", VAR LDate = MAX(Sales[Sales ID])

   RETURN

LOOKUPVALUE(Sales[ Sales],Sales[Sales ID],LDate))
```

007.Calculer la date limite en fonction de plusieurs conditions
Outils de tableau > nouveau tableau

```
Last Sale > 100K by Salesman on Germany =
SUMMARIZE(
//tableau ou expression renvoyant un tableau
   CALCULATETABLE(
   //tableau ou expression renvoyant un tableau
   Sales,
   //filtre 1, filtre 2, filtre N,...
   FILTER(Sales, Sales[Country]="Germany"),
   FILTER(Sales, Sales[ Sales]>100000)
   ),
   ROLLUP(Sales[Salesman]),
   //expression
   "SaleLastDat", LASTDATE(Sales[Shipment]),
   "Ammount", VAR LDate =MAX(Sales[Sales ID])
```

RETURN

LOOKUPVALUE(Sales[Sales],Sales[Sales ID],LDate))

008.Calculer l'avant-dernière date en fonction d'une seule condition
Outils de tableau > nouveau tableau

```
Date Previous Sale by Salesman  =
SELECTCOLUMNS(
  //tableau
  Sales,
  //nouvelle colonne, expression
  "id", Sales[Sales ID],
  "Salesman", Sales[Salesman],
  "prevSales",
  CALCULATE(
      //expression
      LASTDATE(Sales[Shipment]),
      //filtre
      FILTER(
        //tableau ou expression renvoyant un tableau
        Sales,
        //filtre
        AND(
          Sales[Salesman] = EARLIER(Sales[Salesman]),
          Sales[Sales ID] < EARLIER(Sales[Sales ID])
          )
        )
      )
  ),
  "Ammount",
  VAR Correct_ID =
  CALCULATE(
      //expression
      MAX(Sales[Sales ID]),
```

```
        //filtre
        FILTER(
            //tableau ou expression renvoyant un tableau
            Sales,
            //expression
            AND(
            Sales[Salesman] = EARLIER(Sales[Salesman]),
            Sales[Sales ID] < EARLIER(Sales[Sales ID])
            )
        )
    )

RETURN

LOOKUPVALUE(Sales[ Sales],Sales[Sales ID], Correct_ID ))
```

009.Calculer l'avant-dernière date en fonction de plusieurs conditions

Outils de tableau > nouveau tableau

```
Date Previous Sale by Salesman with high Discount =
SELECTCOLUMNS(
    //tableau ou expression renvoyant un tableau
    Sales,
    //colonne, expression
    "id", Sales[Sales ID],
    "Salesman",Sales[Salesman],
    "Previous sales",
    CALCULATE(
        //expression
        LASTDATE(Sales[Shipment]),
        //filtre
        FILTER(
            //tableau ou expression renvoyant un tableau
            Sales,
            //expression
```

```
        AND(
        Sales[Salesman] = EARLIER(Sales[Salesman]),
        Sales[Sales ID] < EARLIER(Sales[Sales ID])
        )
    )
),
  "Ammount",
  VAR Correct_ID =
  CALCULATE(
      //expression
      MAX(Sales[Sales ID]),
      //filtre
      FILTER(
        //tableau ou expression renvoyant un tableau
        Sales,
        //filtre
        AND(
          Sales[Salesman] = EARLIER(Sales[Salesman]),
          Sales[Sales ID] < EARLIER(Sales[Sales ID])
        )
      )
  )

RETURN

//addition de conditions au résultat en utilisant la fonction
"IF".
  IF(
    //condition
    Sales[Discount Band]="High",
    //résultat positif
    LOOKUPVALUE(
      Sales[ Sales],Sales[Sales ID],
      Correct_ID,
      BLANK())
    )
  )
```

Outils de tableau > nouveau tableau

```
Last 10 dates with sales over 200K =
TOPN (
  //nombre de dates
  10,
  //liste des dix dernières dates avec des ventes >200K
  SUMMARIZE (
    //tableau ou expression renvoyant un tableau
    CALCULATETABLE (
      //tableau ou expression renvoyant un tableau
      Sales,
      //filtre 1, filtre 2, filtre N,...
      FILTER (
          //tableau ou expression renvoyant un tableau
          'Sales',
           Sales[ Sales] > 200000
      ),
      FILTER (
           //tableau ou expression renvoyant un tableau
           'Sales',
          //condition pour définir la plage de dates
          AND (
              Sales[Shipment] >= MIN ( Sales[Shipment] ),
              Sales[Shipment] <= MAX ( Sales[Shipment] )
          )
      )
    ),
    //colonnes du tableau résultant
    Sales[Sales ID],
    Sales[Shipment],
    Sales[ Sales]
  ),
  Sales[Shipment],
  //ordre croissant ou décroissant
```

    DESC
)

Obtenez les N premieres dates qui répondent à une ou plusieurs conditions. (1)
Outils de tableau > nouveau tableau

```
First 10 dates with sales over 200K  =
TOPN (
    //nombre de dates
    10,
    //liste des dix dernières dates avec des ventes >200K
    SUMMARIZE (
        //tableau ou expression renvoyant un tableau
        CALCULATETABLE (
            //tableau ou expression renvoyant un tableau
            Sales,
            //filtre 1, filtre 2, filtre N,...
            FILTER (
                //tableau ou expression renvoyant un tableau
                'Sales',
                 Sales[ Sales] > 200000
            ),
            FILTER (
                //tableau ou expression renvoyant un tableau
                'Sales',
                //condition pour définir la plage de dates
                AND (
                    Sales[Shipment] >= MIN ( Sales[Shipment] ),
                    Sales[Shipment] <= MAX ( Sales[Shipment] )
                )
            )
        ),
        //colonnes du tableau résultant
        Sales[Sales ID],
        Sales[Shipment],
```

        Sales[Sales]
    ),
    Sales[Shipment],
    //en commençant par la fin du tableau
    ASC
)

012.Obtenez les N dernières dates qui répondent à une ou plusieurs conditions. (2)
Outils de tableau > nouveau tableau

```
Last 10 sales over 200K  =
TOPN (
    //en commençant par la fin du tableau
    10,
    //liste des dix dernières dates avec des ventes >200K
    SUMMARIZE (
        //tableau ou expression renvoyant un tableau
        CALCULATETABLE (
            //tableau ou expression renvoyant un tableau
            Sales,
            //filtre 1, filtre 2, filtre N,…
            FILTER ('Sales', Sales[ Sales] > 200000 )
        ),
        //colonnes du tableau résultant
        Sales[Sales ID],
        Sales[Shipment],
        Sales[ Sales]
    ),
    Sales[Sales ID],
    //en commençant par la fin du tableau
    DESC )
```

Outils de tableau > nouveau tableau

```
Firt 10 sales over 200K  =
TOPN (
   //en commençant par la fin du tableau
   10,
   //liste des dix dernières dates avec des ventes >200K
   SUMMARIZE (
      //tableau ou expression renvoyant un tableau
      CALCULATETABLE (
         //tableau ou expression renvoyant un tableau
         Sales,
         //filtre 1, filtre 2, filtre N,...
         FILTER ('Sales', Sales[ Sales] > 200000 )
      ),
      //colonnes du tableau résultant
      Sales[Sales ID],
      Sales[Shipment],
      Sales[ Sales]
   ),
   Sales[Sales ID],
   //ordre croissant ou décroissant
   ASC
)
```

014.Cumul d'une mesure dans un laps de temps spécifique (1)

STEP 1
Modélisation > nouvelle mesure

```
Sales last 10 days =
CALCULATE (
   //expression
```

```
    [Total Sales],
    //filtre
    DATESINPERIOD (
        Calendary[Date],
        //depuis le début du tableau
        FIRSTDATE ( Calendary[Date] ),
        //valeur numérique de la période
        -9,
        // cadre temporel (day, month, quarter, year,..
                            )
        DAY
    )
)
```

STEP 2

Nous prenons à une table :
Values: 'Calendary'[Date]
Values: [Sales last 10 days]

Pour chaque enregistrement du tableau, il indique le cumul
des 10 derniers jours.

015.Cumul d'une mesure dans un laps de temps
spécifique (2)

STEP 1

Outils de tableau > nouveau tableau

Dans cet exemple, la valeur numérique de la période est
variable. Pour cela, nous allons créer un tableau contenant
ces valeurs.

Numeric value of the period =
//créer un tableau et entrer les données

```
//nom de la colonne,, type de champ (INTEGER, DOUBLE,
STRING, BOOLEAN, CURRENCY, DATETIME)
DATATABLE (
    "values", INTEGER,
    //entrer les données dans les champs en suivant
l'ordre ci-dessus
  {
    { 15 },
    { 30 },
    { 45 },
    { 60 },
    { 90 }
  }
)
```

STEP 2

Modélisation > nouvelle mesure

```
Sales last N days =
CALCULATE (
  //expression
  [Total Sales],
  //filtre
  DATESINPERIOD (
    Calendary[Date],
    //depuis le début du tableau
    FIRSTDATE ( Calendary[Date] ),
    //valeur numérique de la période
    SELECTEDVALUE('Numeric value of the
period'[values]),
    //cadre temporel (day, month, quarter, year,..)
     DAY
  )
)
```

STEP 3
Nous prenons à une table :
Values: 'Calendary'[Date]
Values: [Sales last 10 days]

Nous prenons à un slicer :
Valeur: 'Numeric value of the period'[values]

Pour chaque enregistrement du tableau, il indique le cumul
des 10 derniers jours.

016.Valeur d'une mesure entre deux dates (1)
Modélisation > nouvelle mesure

```
Number of order sent last 10 days =
CALCULATE(
    //expression
    COUNTROWS( Sales ),
    //filtre
    DATESBETWEEN(
        //tableau[datecolonne]
        Sales[Shipment],
        //date la plus ancienne
        TODAY()-10,
        //date la plus récente
        TODAY()
    )
)
```


017.Valeur d'une mesure entre deux dates (2)
Modélisation > nouvelle mesure

```
Number of order sent from 25/10/2015 to 25/03/2016 =
CALCULATE(
    //expression
```

```
    COUNTROWS( Sales ),
    //filtre
    DATESBETWEEN(
        //tableau[datecolonne]
        Sales[Shipment],
        //date la plus ancienne
        DATE(2015,10,25),
        //date la plus récente
        DATE(2016,03,25)
    )
)
```

018.Calculer la valeur d'une mesure à partir d'une date jusqu'à N unds de temps (1)

Modélisation > nouvelle mesure

```
Sales last 15 days =
CALCULATE(
    //expression
    SUM(Sales[ Sales]),
    //filtre
    DATESINPERIOD(
        //tableau[columna]
        'Calendary'[Date],
        //date de base
        TODAY(),
        //unités de temps à ajouter ou à soustraire à la date
de base
        -14,
        //factor (DAY, WEEK, MONTH, QUARTER, YEAR)
        DAY
    )
)
```

019.Calculer la valeur d'une mesure à partir d'une date jusqu'à N unds de temps (2)
Modélisation > nouvelle mesure

```
Sales last 15 days =
CALCULATE(
    //expression
    [Total Sales],
    //filtre
    FILTER(
        //tableau ou expression renvoyant un tableau
        ALL(Calendary),
        //filtre
        AND(
            Calendary[Date]>=TODAY()-15,
            Calendary[Date]<TODAY()
        )
    )
)
```

020.Calculer la valeur d'une mesure du début de chaque semaine à la fin de la même semaine
Modélisation > nouvelle mesure

STEP 1
Outils de tableau > nouvelle colonne

Dans le tableau Calendaire, nous créons la colonne suivante :

```
YearWeek =
CONCATENATE('Calendary'[year],'Calendary'[weekNum])
```

STEP 2
Modélisation > nouvelle mesure

```
Sales Week to Date =
    VAR CurrentDate =  MIN('Calendary'[Date])
    VAR CalYearWeek = MIN('Calendary'[YearWeek])

    RETURN

CALCULATE(
    //expression
    [Total Sales],
    //filtre
    FILTER (
       //tableau ou expression renvoyant un tableau
       //la fonction "ALL" ne permet pas l'application de
filtres contextuels
       ALL ('Calendar'),
       //filtre
       'Calendary'[YearWeek] = CalYearWeek &&
'Calendary'[Date] <= CurrentDate
       )
  )
```

021.Calculer la valeur d'une mesure du début du mois
à la dernière date du contexte actuel. (1)
Modélisation > nouvelle mesure

```
Current month Sale (1) =
//affiche le total des ventes depuis le début du mois
jusqu'au jour actuel.
CALCULATE(
    //expression
    [Total Sales],
    //filtre
    DATESMTD(Calendary[Date])
)
```

022.Calculer la valeur d'une mesure du début du mois à la dernière date du contexte actuel. (2)

Modélisation > nouvelle mesure

```
Current month sales (2) =
//exécute une expression à partir du premier jour du mois
en cours jusqu'à maintenant.
//la mesure est remise à zéro au début de chaque mois
TOTALMTD(
    //expression
    SUM(Sales[ Sales]),
    //tableau[colonne] de dates
    'Calendary'[Date]
)
```

023.Calculer la valeur d'une mesure du début du mois à la dernière date du contexte actuel. (3)

Modélisation > nouvelle mesure

```
Current month sales (3)=
//exécute une expression à partir du premier jour du mois
en cours jusqu'à maintenant.
//la mesure est remise à zéro au début de chaque mois
CALCULATE(
    //expression
    SUM(Sales[ Sales]),
    //filtre
    DATESMTD(Calendary[Date])
)
```

024.Calculer la valeur d'une mesure du début du mois à la dernière date du contexte actuel. (4)
Modélisation > nouvelle mesure

STEP 1
Outils de tableau > nouvelle colonne

Dans le tableau Calendaire, nous créons la colonne suivante :

```
YearMonth =
CONCATENATE('Calendary'[year],'Calendary'[month])
```

STEP 2
Modélisation > nouvelle mesure

```
Sales Month to Date (4) =
   VAR CurrentDate = MIN('Calendary'[Date])
   VAR CalYearMonth = MIN('Calendary'[YearMonth])

   RETURN
   CALCULATE(
     //expression
     [Total Sales],
     //filtre
     FILTER (
        //tableau ou expression renvoyant un tableau
        //la fonction "ALL" ne permet pas l'application de
filtres contextuels
        ALL ( 'Calendary'),
        'Calendary'[YearMonth] = CalYearMonth &&
'Calendary'[Date] <= CurrentDate
        )
   )
```

025.Calculer la valeur d'une mesure depuis le début du trimestre jusqu'à la dernière date dans le contexte actuel. (1)
Modélisation > nouvelle mesure

```
Current quarter sales (1) =
CALCULATE(
    //expression
    [Total Sales],
    //filtre
    DATESQTD( 'Calendary'[Date] )
)
```

026.Calculer la valeur d'une mesure depuis le début du trimestre jusqu'à la dernière date dans le contexte actuel. (2)
Modélisation > nouvelle mesure

```
Current quarter sales (2) =
//exécute une expression depuis le premier jour du
trimestre CURRENT jusqu'à maintenant
//la mesure est remise à zéro au début de chaque
trimestre
TOTALQTD(
    //expression
    SUM(Sales[ Sales]),
    //tableau[colonne] de dates
    Calendary[Date]
)
```

027.Calculer la valeur d'une mesure depuis le début du trimestre jusqu'à la dernière date dans le contexte actuel. (3)
Modélisation > nouvelle mesure

```
Current quarter sales (3)=
//exécute une expression depuis le premier jour du
trimestre CURRENT jusqu'à maintenant
//la mesure est remise à zéro au début de chaque
trimestre
CALCULATE(
   //expression
   SUM(Sales[ Sales]),
   //filtre
   DATESQTD(Calendary[Date])
)
```

028.Calculer la valeur d'une mesure depuis le début du trimestre jusqu'à la dernière date dans le contexte actuel. (4)
Modélisation > nouvelle mesure

STEP 1
Outils de tableau > nouvelle colonne

Dans le tableau Calendaire, nous créons la colonne suivante :

```
YearQuarter =
CONCATENATE('Calendary'[year],'Calendary'[quarter])
```

STEP 2
Modélisation > nouvelle mesure

```
Sales Quarter to Date  (4) =
//créer deux variables
VAR CurrentDate = MIN('Calendary'[Date])
VAR CalYearQuarter = MIN('Calendary'[YearQuarter])

RETURN

CALCULATE(
    //expression
    [Total Sales],
    //filtre
    FILTER (
        //tableau ou expression renvoyant un tableau
        //la fonction "ALL" ne permet pas l'application de
filtres contextuels
        ALL ( 'Calendary'),
        //filtre
        'Calendary'[YearQuarter] = CalYearQuarter &&
'Calendary'[Date] <= CurrentDate  )  )
```

029.Calculer la valeur d'une mesure du début de l'année à la dernière date dans le contexte actual (1)

Modélisation > nouvelle mesure

```
Accumulated sale since the beginning of the year (1) =
CALCULATE(
    //expression
    [Total Sales],
    //filtre
    DATESYTD( 'Calendary'[Date] )
)
```

030.Calculer la valeur d'une mesure du début de l'année à la dernière date dans le contexte actuel (2)
Modélisation > nouvelle mesure

Accumulated sale since the beginning of the year (2) =
//exécuter une expression du premier jour de l'année en cours jusqu'à maintenant
//la mesure est remise à zéro au début de chaque année
TOTALYTD(
    //expression
    SUM(Sales[Sales]),
    //tableau[colonne] de dates
    Calendary[Date]
)

031.Calculer la valeur d'une mesure du début de l'année à la dernière date dans le contexte actuel (3)
Modélisation > nouvelle mesure

Accumulated sale since the beginning of the year (3) =
//exécuter une expression du premier jour de l'année en cours jusqu'à maintenant
//la mesure est remise à zéro au début de chaque année
CALCULATE(
    //expression
    SUM(Sales[Sales]),
    //filtre
    DATESYTD(Calendary[Date])
)

032.Calculer la valeur d'une mesure du début de l'année à la dernière date dans le contexte actuel (4)
Modélisation > nouvelle mesure

Accumulated sale since the beginning of the year (4) =

```
//créer deux variables
VAR CurrentDate = MIN('Calendary'[Date])
VAR CalYear = MIN('Calendary'[Year])

RETURN

CALCULATE(
  //expression
  [Total Sales],
  //filtre
  FILTER (
    //tableau ou expression renvoyant un tableau
    //la fonction "ALL" ne permet pas l'application de
filtres contextuels
    ALL ( 'Calendary'),
    //filtre
    'Calendary'[Year] = CalYear && 'Calendary'[Date] <=
CurrentDate
  )
)
```

033.Calculer la valeur d'une mesure au début d'un mois

Modélisation > nouvelle mesure

```
Balance at the beginning of the month =
OPENINGBALANCEMONTH(
  //expression
  [Total Sales],
  //tableau[colonne] de dates
  Calendary[Date]
)
```

Calculer la valeur d'une mesure au début d'un trimestre
Modélisation > nouvelle mesure

```
Balance at the beginning of the quarter =
OPENINGBALANCEQUARTER(
   //expression
   [Total Sales],
   //tableau[colonne] de dates
   Calendary[Date]
)
```

035.Calculer la valeur d'une mesure au début de l'année
Modélisation > nouvelle mesure

```
Balance at the beginning of the year =
OPENINGBALANCEYEAR(
   //expression
   [Total Sales],
   //tableau[colonne] de dates
   Calendary[Date]
)
```

036.Calculer la valeur d'une mesure à la fin du mois
Modélisation > nouvelle mesure

```
Balance at the end of the month =
CLOSINGBALANCEMONTH(
   //expression
   [Total Sales],
   //tableau[colonne] de dates
   Calendary[Date]
)
```

037.Calculer la valeur d'une mesure à la fin d'un trimestre
Modélisation > nouvelle mesure

```
Balance at the end of the quarter =
CLOSINGBALANCEQUARTER(
    //expression
    [Total Sales],
    //tableau[colonne] de dates
    Calendary[Date]
)
```


038.Calculer la valeur d'une mesure à la fin de l'année
Modélisation > nouvelle mesure

```
Balance at the end of the year =
CLOSINGBALANCEYEAR(
    //expression
    [Total Sales],
    //tableau[colonne] de dates
    Calendary[Date]
)
```


039.Calculer la valeur d'une mesure correspondant à une période parallèle au contexte actuel
Modélisation > nouvelle mesure

```
Last Quarter Sales =
CALCULATE(
    //expression
    [Total Sales],
    //filtre
    //valeurs de l'argument <intervalle> : MOIS,
TRIMESTRE, ANNÉE
    PARALLELPERIOD(Calendary[Date],-1,QUARTER) )
```

040.Calculer la valeur d'une mesure correspondant à la même période de l'année précédente
Modélisation > nouvelle mesure

```
Last year sales on same period =
CALCULATE(
   //expression
   [Total Sales],
   //filtre
   SAMEPERIODLASTYEAR(Calendary[Date])
)
```


041.Calculer le % en unités de temps écoulé entre deux dates et le contexte de mesure
Modélisation > nouvelle mesure

```
Current year (%) =

VAR StartDate =  DATE ( 2021, 01, 01 )
VAR EndDate =    DATE ( 2021, 12, 31 )


RETURN

DIVIDE(
    DATEDIFF( StartDate, TODAY(), DAY),
    DATEDIFF( StartDate, EndDate, DAY)
)
```

NOTE:
Base:
0: US (NASD) 30/360
1: Current/current
2: Current/360
3: Current/365
4: European 30/360

042.Calculer les totaux cumulés par périodes (1)

Modélisation > nouvelle mesure

```
Sales period acummulated =
CALCULATE(
  //expression
  [Total Sales],
  //filtre
  DATESBETWEEN(
    Calendary[Date],
    FIRSTDATE(ALL(Calendary[Date])),
    LASTDATE(Calendary[Date])
  )
)
```

043.Calculer les totaux cumulés par périodes (2)

Modélisation > nouvelle mesure

```
Sales period acummulated (2) =
CALCULATE(
  //expression
  [Total Sales],
  //filtre
  KEEPFILTERS(
    DATESBETWEEN(
      Calendary[Date],
      DATE(2015,06,01),
      DATE(2016,06,30)
    )
  )
)
```

Modélisation > nouvelle mesure

STEP 1
Outils de tableau > nouveau tableau

Créez le tableau suivant.

```
Sales frequency by salesman =
SELECTCOLUMNS(
    //tableau ou expression renvoyant un tableau
    Salesman,
    //nouvelle colonne, expression
    "Salesman", Salesman[Salesman],
    "First Sale", FIRSTDATE(Calendary[Date]),
    "Last Sales", LASTDATE(Calendary[Date]),
    "Period", DATEDIFF(
                FIRSTDATE(Calendary[Date]),
                LASTDATE(Calendary[Date]),
                DAY
            ),
    "Sales number", COUNTROWS(RELATEDTABLE(Sales)),
)
```

STEP 2
Outils de tableau > nouvelle colonne

Dans le tableau ci-dessus, créez une colonne calculée avec la mesure de fréquence.

```
Sales frequency =
ROUND(
    DIVIDE(
        'Sales frequency by salesman'[Period] ,
        'Sales frequency by salesman'[Sales number]
```

```
),
    2
)
```

045.Calculer une mesure sur la journée en cours
Modélisation > nouvelle mesure

```
Sales today =
//total des ventes de la journée
CALCULATE(
   //expression
   SUM(Sales[ Sales]),
   //filtre
   Sales[Date] = TODAY()
)
```

046.Calculer une mesure cumulée par jour
Modélisation > nouvelle mesure

```
Accumulated balance per day =
CALCULATE(
   //expression
   [Total Sales],
   //filtre
   FILTER(
      //tableau ou expression renvoyant un tableau
      ALLSELECTED(Calendary[Date]),
      //filtre
      Calendary[Date]<=MAX(Calendary[Date])
   )
)
```

047.Calcul du total cumulé par unité de temps (1)
Outils de tableau > nouvelle colonne

```
CashFlow by Date =
//créer une colonne calculée dans le tableau "Cashflow".
//valeur du solde en espèces par transaction
CALCULATE (
    //expression
    SUM ( CashFlow[Movement] ),
    //filtre
    FILTER (
        //tableau ou expression renvoyant un tableau
        CashFlow,
        //filtre
        //la fonction EARLIER vous permet d'accéder à la
valeur d'une colonne.
        CashFlow[Date] <= EARLIER ( CashFlow[Date] )
    )
)
```

048.Calcul du total cumulé par unité de temps (2)
Modélisation > nouvelle mesure

```
Sales_2016 =
//calcul d'une expression qui n'est pas affectée par les
filtres de contexte
//expression, filtre
CALCULATE (
    //expression
    SUM ( Sales[ Sales] ),
    //filtre
    FILTER (
        //tableau ou expression renvoyant un tableau
        //ALL avoids the application of context filtres outside
of the calculated expression
        ALL ( Sales ),
```

```
    //expression
    //La fonction "RELATED" renvoie une valeur de ligne
correspondante entre les colonnes de deux tableaux liés.
    RELATED ( 'Calendary'[year] ) = 2016
  )
)
```

049.Calcul du total cumulé par unité de temps (3)
Modélisation > nouvelle mesure

```
Sales by Year =
 //calcul d'une expression qui n'est pas affectée par les
filtres de contexte
CALCULATE (
   //expression
   SUM ( Sales[ Sales] ),
   FILTER (
     //tableau ou expression renvoyant un tableau
     //la fonction "ALL" ne permet pas l'application de
filtres contextuels
     ALL ( Sales ),
     //filtre
     Sales[Date] <= MAX(Sales[Date])
   )
)
```

050.Calculer une mesure au début de chaque mois
Modélisation > nouvelle mesure

STEP 1
Modélisation > nouvelle mesure

```
Accumulated sales =
//créer une mesure cumulative des ventes
CALCULATE(
```

```
//expression
[Total Sales],
//filtre
DATESBETWEEN(
   'Calendary'[Date],
   FIRSTDATE(ALL('Calendary'[Date])),
   LASTDATE('Calendary'[Date])
)
)
```

STEP 2
Modélisation > nouvelle mesure

Affiche au premier de chaque mois la valeur cumulée d'une mesure. Par défaut, si Power BI ne trouve pas de valeur pour le cumul pour le mois, il attribue le total cumulé. Cela se produit toujours pour la première date du contexte. Nous utilisons le conditional so that it assigns the value "0" instead of the cumulative total.

```
Accumulated sale at the beginning of the month =
IF(
  //condition
  AND(FIRSTDATE(Sales[Shipment]),
      [Total Sales]=[Accumulated sales]
  ),
  //résultat positif
  0,
  //résultat négatif
  OPENINGBALANCEMONTH(
     [Accumulated sales],
     'Calendary'[Date]
  )
)
```

STEP 3

Lorsque vous représentez le résultat dans un tableau ou dans un graphique, vous devez travailler avec un horizon temporel mensuel.

051.Calculer l'année fiscale et le mois correspondant à chaque date

STEP 1

Le tableau calendar doit comporter une colonne contenant l'année et une autre colonne contenant le mois.

Si ce n'est pas le cas, nous créons les deux colonnes.

STEP 2

Outils de tableau > nouvelle colonnea

Dans le tableau du calendrier, nous créons une colonne correspondant à l'année fiscale.

```
fiscalYear =
//la variable indique le dernier mois de l'année fiscale.
VAR lastMonth = 3

RETURN
'Calendary'[year] + IF(MONTH('Calendary'[Date]) >
lastMonth, 1, 0)
```


STEP 3

Outils de tableau > nouvelle colonnea

Dans le tableau du calendrier, nous créons une colonne correspondant au mois fiscal.

```
fiscalMonth =
//la variable indique le dernier mois de l'année fiscale.
VAR lastMonth = 3

RETURN

//La fonction MOD renvoie le reste d'une division.
MOD(MONTH('Calendary'[Date]) - lastMonth, 12) + 1
```

052.Calculer la valeur d'une mesure correspondant à une période antérieure à la période actuelle

Modélisation > nouvelle mesure

```
Sales last month =
CALCULATE(
   //expression
   [Total Sales],
   //filtre
   DATEADD(
     //tableau[columna]
     Sales[Shipment],
     //nombre de périodes
     -1,
     //durée de la période (day, week, month, quarter,
year)
     MONTH
   )
)
```

053.Calculer la différence de temps entre deux dates
Outils de tableau > nouvelle colonne

Créez une nouvelle colonne dans le tableau "Sales".

```
Days per sent =
//différence de temps entre deux dates
DATEDIFF(
    //date la plus récente
    Sales[Date2],
    //date la plus ancienne
    Sales[Date],
    //unité de temps
    DAY
)
```

054.Obtenir une date à partir d'une autre date en ajoutant ou en soustrayant des mois
Outils de tableau > nouvelle colonne

Créez une colonne calculée dans le tableau "Sales".

```
Indicative delivery time =
EDATE(
    //origin date
    Sales[Shipment],
    //nombre de mois positifs ou négatifs à partir d'une
valeur numérique fixe ou des champs d'une colonne
    1
)
```

Obtenir la date correspondant au dernier jour du mois à partir d'une date
Outils de tableau > nouvelle colonne

Créez une colonne calculée dans le tableau "Sales".

```
Last day of month =
EOMONTH(
    Sales[Shipment],
    //nombre de mois positifs à partir d'une valeur
numérique fixe ou des champs d'une colonne
    //la valeur zéro renvoie le dernier jour du mois en cours
    0
)
```

056.Obtenir la date correspondant au dernier jour du mois précédent à partir d'une date
Outils de tableau > nouvelle colonne

Créez une colonne calculée dans le tableau "Sales".

```
Last day of last month =
EOMONTH(
    Sales[Shipment],
    //nombre de mois positifs à partir d'une valeur
numérique fixe ou des champs d'une colonne
    //une valeur numérique négative renvoie le dernier jour
du dernier mois.
    -1
)
```

057.Obtenir le dernier jour du mois dans le contexte actuel

Outils de tableau > nouvelle colonne

STEP 1
Créez une colonne calculée dans le tableau "Sales".

Last day of the month =
ENDOFMONTH(Sales[Shipment])

058.Obtenir le dernier jour du trimestre dans le contexte actuel

Outils de tableau > nouvelle colonne

STEP 1
Créez une colonne calculée dans le tableau "Sales".

Last day of the quarter =
ENDOFQUARTER(Sales[Shipment])

059.Obtenir le dernier jour de l'année dans le contexte actuel

Outils de tableau > nouvelle colonne

STEP 1
Créez une colonne calculée dans le tableau "Sales".

Last day of the year =
ENDOFYEAR(Sales[Shipment])

060.Obtenir le premier jour du mois dans le contexte actuel

Outils de tableau > nouvelle colonne

STEP 1

Créez une colonne calculée dans le tableau "Sales".

First month day =
STARTOFMONTH(Sales[Shipment])

061.Obtenir le premier jour du trimestre dans le contexte actuel

Outils de tableau > nouvelle colonne

STEP 1

Créez une colonne calculée dans le tableau "Sales".

First quarter day =
STARTOFQUARTER(Sales[Shipment])

062.Obtenir le premier jour de l'année dans le contexte actuel

Outils de tableau > nouvelle colonne

STEP 1

Créez une colonne calculée dans le tableau "Sales".

First year day =
STARTOFYEAR(Sales[Shipment])

063.Obtenir la valeur d'une mesure un jour plus tard
Modélisation > nouvelle mesure

```
Sales next day =
CALCULATE(
   //expression
   [Total Sales],
   //filtre
   //renvoie une colonne avec la date correspondant au
prochain jour du contexte actuel
   NEXTDAY(Sales[Shipment])
)
```

064.Obtenir la valeur d'une mesure un mois plus tard
Modélisation > nouvelle mesure

```
Sales next month =
CALCULATE(
   //expression
   [Total Sales],
   //filtre
   //renvoie une colonne avec la date correspondant au
mois suivant le contexte actuel
   NEXTMONTH(Sales[Shipment])
)
```

065.Obtenir la valeur d'une mesure un trimestre plus tard
Modélisation > nouvelle mesure

```
Sales next quarter =
CALCULATE(
   //expression
   [Total Sales],
   //filtre
```

//renvoie une colonne avec la date correspondant au
trimestre suivant le contexte actuel
    NEXTQUARTER(Sales[Shipment])
)

066.Obtenir la valeur d'une mesure un an plus tard
Modélisation > nouvelle mesure

```
Sales next year =
CALCULATE(
    //expression
    [Total Sales],
    //filtre
    //renvoie une colonne avec la date correspondant à
l'année suivant le contexte actuel
    NEXTYEAR(Sales[Shipment])
)
```


067.Obtenir la valeur d'une mesure de la veille
Modélisation > nouvelle mesure

```
Sales previous day =
CALCULATE(
    //expression
    [Total Sales],
    //filtre
    //renvoie une colonne avec la date correspondant au
jour précédant le contexte actuel
    PREVIOUSDAY(Sales[Shipment])
)
```

Modélisation > nouvelle mesure

```
Sales previous month =
CALCULATE(
    //expression
    [Total Sales],
    //filtre
    //renvoie une colonne avec la date correspondant au
mois précédant le contexte actuel
    PREVIOUSMONTH(Sales[Shipment])
)
```

069.Obtenir la valeur d'une mesure au cours du trimestre précédent

Modélisation > nouvelle mesure

```
Sales previous quarter =
CALCULATE(
    //expression
    [Total Sales],
    //filtre
    //renvoie une colonne avec la date correspondant à la
date correspondant au trimestre précédent le contexte
actuel
    PREVIOUSQUARTER(Sales[Shipment])
)
```

070.Obtenir la valeur d'une mesure de l'année précédente

Modélisation > nouvelle mesure

```
Sales previous year =
CALCULATE(
```

```
//expression
[Total Sales],
//filtre
//renvoie une colonne avec la date correspondant à la
date correspondant à l'année précédant le contexte
actuel
   PREVIOUSYEAR(Sales[Shipment])
)
```

Comparer la semaine de l'année en cours avec la semaine de l'année précédente.

STEP 1
Outils de tableau > nouvelle colonne

Dans le tableau Calendaire, nous créons la colonne suivante :

```
YearWeek =
CONCATENATE('Calendar'[year],'Calendar'[weekNum])
```

STEP 2
Modélisation > nouvelle mesure

Maintenant, nous créons la mesure qui va effectuer le calcul.

```
Total sales same week last year =
   VAR CalendarYear = MIN(Calendar[Year]) - 1
   VAR CalendarWeek = MIN(Calendar[weekNum])
   VAR CalYearWeek =
     IF (
         //condition
         CalendarWeek < 10,
         //résultat positif
```

```
        CONCATENATE(CalendarYear, CONCATENATE("0",
CalendarWeek)),
        //résultat négatif
        CONCATENATE(CalendarYear,CalendarWeek)
    )

    RETURN

    CALCULATE(
        //expression
        [Total Sales],
        //filtre
        FILTER (
            //la fonction "ALL" ne permet pas l'application de
filtres contextuels
            ALL ('Calendar'),
            //Créer un filtre où l'année de la semaine en
cours est égale à l'année de la semaine précédente.
            'Calendar'[YearWeek] = CalYearWeek
            )
        )
    )
```

072.Comparer la semaine en cours avec la semaine précédente.

Modélisation > nouvelle mesure

```
Sales last week =
CALCULATE(
  //expression
  [Total Sales],
  //filtre
  FILTER(
    //tableau ou expression renvoyant un tableau
    ALLSELECTED( Calendary[weekNum] ),
    //filtre
```

```
      Calendary[weekNum] =
      SELECTEDVALUE( Calendary[weekNum] ) -1
   )
)
```

073.Comparer le mois en cours avec le mois précédent

Modélisation > nouvelle mesure

```
Sales last month (2) =
CALCULATE(
   //expression
   [Total Sales],
   //filtre
   FILTER(
     //tableau ou expression renvoyant un tableau
     ALLSELECTED( Calendary[month] ),
     //filtre
     Calendary[month] =
     SELECTEDVALUE( Calendary[month] ) -1
   )
)
```

074.Comparer le trimestre en cours avec le trimestre précédent

Modélisation > nouvelle mesure

```
Sales last quarter (2) =
CALCULATE(
   //expression
   [Total Sales],
   //filtre
   FILTER(
     //tableau ou expression renvoyant un tableau
     ALLSELECTED( Calendary[quarter] ),
```

```
    //filtre
    Calendary[quarter] =
    SELECTEDVALUE( Calendary[quarter] ) -1
  )
)
```

075.Comparer l'année en cours avec l'année précédente

Modélisation > nouvelle mesure

```
Sales last year (2) =
CALCULATE(
  //expression
  [Total Sales],
  //filtre
  FILTER(
    //tableau ou expression renvoyant un tableau
    ALLSELECTED( Calendary[year] ),
    //filtre
    Calendary[year] =
    SELECTEDVALUE( Calendary[year] ) -1
  )
)
```

076.Sélection des jours comme jours ouvrables ou non ouvrables

Outils de tableau > nouveau tableau

STEP 1

Chargez ou créez un tableau contenant les vacances.
Dans l'exemple, ce tableau s'appelle 'Public Holiday'.

STEP 2

Reliez les champs de date de la table 'Calendary' et de la table 'Public Holiday'.

STEP 3

Créez une nouvelle colonne dans le tableau "Calendary".
Outils de tableau > nouvelle colonne

```
Public Holyday =
IF(
  //condition
  COUNTROWS( RELATEDTABLE('Public Holiday')) = 0,
  //jour ouvrable
  TRUE(),
  //jours fériés
  FALSE()
)
```


077.Sélection de week-ends

Outils de tableau > nouvelle colonne

STEP 1

Créez une nouvelle colonne dans le tableau "Calendary".
Outils de tableau > nouvelle colonne

```
Weekend day =
IF(
  //condition
  Calendary[weekDay] < 6,
  //Lundi à vendredi
  TRUE(),
  //samedi, dimanche
  FALSE()
)
```

Outils de tableau > nouveau tableau

STEP 1
Chargez ou créez un tableau contenant les jours fériés, et non les week-ends.
Dans l'exemple, ce tableau s'appelle 'Public Holiday'.

STEP 2
Reliez les champs de date de la table 'Calendary' et de la table 'Public Holiday'.

STEP 3
Outils de tableau > nouvelle colonne

Dans le tableau "Calendary", nous créons une nouvelle colonne.

```
Public Holyday and Weekend =
IF(
  AND(
    //condition pour les jours fériés
    COUNTROWS( RELATEDTABLE('Public Holiday')) = 0,
    //condition pour les week-ends
    Calendary[weekDay] < 6
  ),
  //jour ouvrable
  TRUE(),
  //jours fériés
  FALSE()
)
```

079.Créer un tableau montrant la valeur d'une mesure
pour chaque année/mois

STEP 1
Outils de tableau > nouvelle colonne

Elle est très utile pour tracer les mois avec leurs années
respectives.
Cette colonne sera créée à l'intérieur de la table
"Calendary".

Year-month =
FORMAT(Calendar[Date], "MM-yy")

STEP 2
Outils de tableau > nouvelle colonne

La colonne doit être triée avant d'être tracée.

Ordre du mois et de l'année =
FORMAT(Calendar[Date], "YYYYMM")

080.Joindre l'année et le mois dans la même colonne
Outils de tableau > nouvelle colonne

STEP 1
Dans le tableau Calendaire, nous créons la colonne
suivante :

YearWeek =
CONCATENATE('Calendar'[year],'Calendar'[weekNum])

081.Convertir l'heure formatée en texte en heure formatée en date.

Modélisation > nouvelle mesure

From text to datatime =
//date entre guillemets
DATEVALUE("15/11/2021")

NOTE:
L'heure incluse dans le résultat est toujours 00:00:00

082.Convertir l'heure avec le format texte en heure avec le format datetime (1)
Outils de tableau > nouvelle colonne

Hour in datatime (1) =
//créer une colonne calculée dans la table "Calendary".
TIMEVALUE(´Calendary´[Date])

083.Convertir l'heure avec le format texte en heure avec le format datetime (2)
Modélisation > nouvelle mesure

Hour in datatime (2) =
//heure, minutes, secondes
TIMEVALUE("14:40:16")

084.Date et heure de la dernière mise à jour du rapport

L'UTC est la principale norme de temps par laquelle le monde régule les horloges et le temps.

STEP 1

1-Créer un tableau à une seule colonne dans l'option "Specify Data".

2-Le nom de la table sera "UTCDATE".

3-Cliquez sur "Modifier".

4- Dans Power Query : Ajouter une colonne > colonne personnalisée.

5- On appelle la colonne "LastUpDate".

6-Dans la boîte de formule, nous écrivons :

```
//la valeur UTC pour l'Espagne est 1
=DateTimeZone.SwitchZone(DateTimeZone.LocalNow(),1,
0)
```

7-Configurer la colonne comme type : "Date/Time/Time Zone".

8-Fermer et appliquer les changements

STEP 2

Prenez dans Power BI la colonne "LastUpDate" à une carte. Chaque fois que le rapport est mis à jour, la date et l'heure de la carte seront mises à jour. De cette façon, les utilisateurs sauront quand le rapport a été mis à jour pour la dernière fois.

085.Date et heure actuelles par pays

Modélisation > nouvelle mesure

```
UTC Spain =
//L'UTC est la principale norme de temps par laquelle le
monde régule les horloges et le temps.
//la valeur pour l'Espagne est +1
UTCNOW() + TIME(1,0,0)
```

Modélisation > nouvelle mesure

On prend l'exemple de la visualisation dans un graphique de type Timeline du temps de transit écoulé entre l'envoi de chaque commande et sa livraison.

STEP 1

Forcer une deuxième relation entre les tableaux "Calendary" et "Sales". Pour ce faire, nous allons dans la partie relation de Power BI et faisons glisser le champ "Date" du tableau "Calendary" vers le champ "Arrival" du tableau "Sales".

STEP 2

Outils de tableau > nouveau tableau

```
Shipment Gantt =
SELECTCOLUMNS(
    GENERATE(
        Sales,
        FILTER(
            Calendary,
            Calendary[Date]>=
            Sales[Shipment]&&Calendary[Date]<=
            IF(Sales[Arrival]=BLANK(),TODAY(),Sales[Arrival])
        )
    ),
        "Sales_Id", Sales[Sales ID],
        "Date", Calendary[Date]
)
```

STEP 3

Nous utilisons un tableau chronologique pour visualiser le résultat.

087.Calculer une mesure sur le mois précédent

Modélisation > nouvelle mesure

```
Sales last month (3) =
CALCULATE(
  //expression
  [Total Sales],
  //filtre
  PREVIOUSMONTH( Sales[Shipment] )
)
```

088.Calculer une mesure sur le trimestre précédent

Modélisation > nouvelle mesure

```
Sales last quarter (3) =
CALCULATE(
  //expression
  [Total Sales],
  //filtre
  PREVIOUSQUARTER( Sales[Shipment] ) )
```

089.Calculer une mesure sur l'année précédente

Modélisation > nouvelle mesure

```
Sales last year (3) =
CALCULATE(
  //expression
  [Total Sales],
  //filtre
  PREVIOUSYEAR( Sales[Shipment] )
)
```

090.Calculer une mesure sur le mois suivante
Modélisation > nouvelle mesure

```
Sales next month (3) =
CALCULATE(
   //expression
   [Total Sales],
   //filtre
   NEXTMONTH( Sales[Shipment] )
)
```

091.Calculer une mesure sur le trimestre suivante
Modélisation > nouvelle mesure

```
Sales next quarter (3) =
CALCULATE(
   //expression
   [Total Sales],
   //filtre
   NEXTQUARTER( Sales[Shipment] )
)
```

092.Calculer une mesure sur l'année suivante
Modélisation > nouvelle mesure

```
Sales next year (3) =
CALCULATE(
   //expression
   [Total Sales],
   //filtre
   NEXTYEAR( Sales[Shipment] )
)
```

STARTOFMONTH (060)
STARTOFQUARTER (061)
STARTOFYEAR (062)
TIMEVALUE (082,083)
TODAY (001,016,018,019,041,045,086)
TOTALMTD (022)
TOTALQTD (026)
UTCNOW (085)
WEEKDAY (001,002)
WEEKNUM (001,002)
YEAR (001,002)

www.ingramcontent.com/pod-product-compliance
Lightning Source LLC
Chambersburg PA
CBHW052233150726
48002CB00003B/1404